UN CONFLIT

ENTRE

LES TRÉSORIERS GÉNÉRAUX DE FRANCE

ET LES CONSULS D'AIX.

UN CONFLIT

ENTRE

LES TRÉSORIERS GÉNÉRAUX

DE FRANCE

ET LES CONSULS D'AIX

PAR

L. MOUAN

Secrétaire perpétuel de l'Académie des Sciences, Arts
et Belles - Lettres d'Aix

MARSEILLE

IMPRIMERIE Vᵉ MARIUS OLIVE
rue Paradis, 68.

1866.

UN CONFLIT

ENTRE

LES TRÉSORIERS GÉNÉRAUX DE FRANCE

ET LES CONSULS D'AIX

Les questions de préséance et de cérémonial ont joué un grand rôle à toutes les époques. De nos jours, plus d'un observateur est tenté de sourire avec dédain aux nombreuses contestations qu'elles ont soulevées, peu dignes, dit-on, du sérieux et de la gravité qui nous caractérisent ; et cependant serait-il difficile de citer aujourd'hui même de fréquents exemples qui offriraient à nos regards, en pareille matière, ce que la passion a de plus obstiné ?

Nos annales de Provence sont fécondes en faits aussi nombreux que variés de l'amour-propre vivement froissé, quelquefois avec un juste motif, plus souvent pour une cause légère en apparence, mais colorée du prétexte de l'observation des règles et du maintien des principes. Des scènes regrettables en furent la conséquence, et à leur récit on est tenté de dire avec Montaigne : « Nous ne sommes « que cérémonie, la cérémonie nous emporte et laissons « la substance des choses : nous nous tenons aux branches « et abandonnons le corps et le tronc (1). »

Le conflit qui va faire le sujet de ces recherches est peu connu et puisé dans des documents inédits (2). Il m'a paru assez curieux, eu égard à sa longue durée, à l'insistance des parties en cause et aux puissantes interventions auxquelles il donna lieu, quoique le fond du débat fût d'une bien minime importance.

(1) Chapitre de la Présomption.
(2) Archives municipales de la ville d'Aix. Armoire des documents, section, 2, carton 12, liasse C.

Les acteurs étaient d'un côté les trésoriers généraux de France tenant les bureaux de finances établis dans les différentes généralités. Les attributions de ces officiers consistaient principalement à veiller à la conservation du domaine du roi, de ses revenus et à en faire payer les charges locales; ils connaissaient des causes dudit domaine et exerçaient toute juridiction envers les comptables.

D'un autre côté figuraient les consuls dont l'élection était considérée comme la plus belle prérogative de notre ville. Administrateurs nés du comté de Provence, les possesseurs de ces charges se montraient singulièrement jaloux de l'honneur du chaperon.

Ces deux corps, constamment en état de lutte, ne laissaient échapper aucune occasion de faire valoir leur prééminence respective : les trésoriers, attendu que leur autorité émanait directement du souverain; les consuls comme chefs de la cité, nommés par les libres suffrages de leurs concitoyens. La mésintelligence éclatait surtout dans les cérémonies religieuses et autres solennités où les uns et les autres étaient appelés.

Vainement les parties avaient voulu régler leurs droits réciproques par une transaction faite et publiée dans l'Université d'Aix, le 30 avril 1658 et qui, entre autres dispositions, portait ce qui suit : « Les consuls et leurs successeurs « à perpétuité demeureront en possession des places qui « leur sont accordées dans l'église métropolitaine Saint- « Sauveur et de celles qu'ils ont accoutumé de tenir aux « actes et à la conduite des docteurs, et quant aux actes où « les trésoriers généraux et leurs successeurs seront et « marcheront avec messieurs de la Cour des Comptes, les- « dits sieurs consuls n'entendent les empêcher et les trou- « bler en leurs séances... Plus ont convenu et accordé que « lesdits sieurs trésoriers de France ne troubleront point « lesdits sieurs consuls en leurs actes et séances consulai- « res et là où ils sont nécessaires avec leurs marques, « comme pour les jours où ils portent le bâton du poêle et « assistent aux processions qui sont faites pour le peuple... « et en tous autres actes où les sieurs trésoriers seront avec « leurs robes, ils précèderont les sieurs consuls, lorsqu'ils « se rencontreront avec eux (1). »

(1) Extrait du registre des titres du bureau des finances de la Généralité de Provence, collationné par le secrétaire dudit bureau.

Ces accords ne devaient pas tarir la source des contestations.

Ainsi les trésoriers prétendaient avoir la petite voirie dans leurs attributions, quoique ce droit appartînt à la ville comme corps municipal et à ses administrateurs en qualité de lieutenants généraux de police (1). Ils avaient même voulu empêcher les consuls de se livrer à des réparations urgentes aux remparts de la cité, à peine d'amende et de punition corporelle; mais un arrêt du Parlement les débouta de leur opposition et déclara que la propriété des murs de la ville appartenait à la communauté, suivant les anciens titres, tels que les concessions de la reine Jeanne et des rois de France ses successeurs (2).

En 1712, à l'occasion de la pompe funèbre qui eut lieu à Saint-Sauveur pour la mort du Dauphin et de la Dauphine, les consuls firent l'aspersion avant les trésoriers. Plainte de ceux-ci et instance au Conseil d'État devant lequel ils soutenaient que, venant à la suite du Parlement, ils avaient le droit de donner l'eau bénite immédiatement après ces officiers. Les consuls répondaient qu'ils avaient rang et séance avant les trésoriers et que leur place étant au-dessus d'eux, les honneurs de l'Église et de la cérémonie étaient réglés en conséquence. Arrêt du Conseil qui sanctionne encore les droits des consuls.

Aux obsèques des personnes éminentes, le cercueil était placé sous un grand dais dont les consuls portaient les cordons. A la mort du duc de Villars, les trésoriers réclamèrent pour eux cette prérogative et surprirent au Parlement un arrêt en leur faveur. Les consuls en obtinrent la révocation par un ordre formel de Sa Majesté (3).

Mais j'ai hâte d'arriver à la grande affaire que j'ai surtout pour but de raconter et qui occupa les esprits pendant un demi-siècle.

D'après un ancien usage, le jour de la solennité de la Fête-Dieu, le Chapitre de Saint-Sauveur adressait par son administrateur et un autre chanoine, aux divers corps qui avaient assisté à la grand'messe, une invitation à un repas, et cela immédiatement après l'office divin et dans cet ordre : A messieurs du Parlement, aux consuls siégeant dans le chœur, et en dernier lieu, aux trésoriers généraux de

(1) Armoire des délibérations. — Conseil tenu le 16 juin 1776.
(2) Armoire des délibérations. — Conseil du 29 juin 1729.
(3) Armoire des délibérations. — Conseil du 2 may 1770.

France, placés autrefois à la chapelle de Notre-Dame-d'Espérance et transférés plus tard derrière le grand autel, à la chapelle dite de Saint-Mitre.

En 1726, les trésoriers crurent trouver peu convenable le rang qui leur était assigné dans cette invitation, et allèrent exposer au Chapitre leurs plaintes et doléances à ce sujet, la veille de la Fête-Dieu. Soit par faiblesse, soit par suite de l'impression que firent sur leurs esprits les motifs allégués par les trésoriers, messieurs du Chapitre se laissèrent séduire et donnèrent l'assurance que le lendemain l'ordre d'invitation serait modifié.

En effet, messire de Fargues, chanoine administrateur, et un autre dignitaire, après avoir invité messieurs du Parlement au repas, passèrent derrière l'autel du côté de l'épître, pour faire le même compliment aux trésoriers généraux et vinrent ensuite par le côté de l'évangile adresser l'invitation aux consuls.

Ceux-ci fort étonnés de cette innovation et apprenant que les trésoriers étaient déjà invités, répondirent qu'ils étaient fâchés de ne pouvoir pas accepter un honneur troisième dans l'ordre du compliment, puisqu'ils occupaient le second dans celui des places; que l'usage, la raison et les titres étant pour eux, on ne pouvait y déroger en cette circonstance.

Alors M. de Grimaldy, Capiscol, aborde les consuls; il les supplie de vouloir bien prendre part au repas, en les assurant que, s'ils n'ont pas été invités à leur rang, c'est par suite d'un malentendu et que l'erreur sera réparée l'année suivante. Les consuls défèrent à ce désir exprimé d'une manière si pressante, tout en protestant de leurs droits et avec réserve de soumettre la question aux personnes compétentes.

Mais les promesses de M. le Capiscol ne devaient point se réaliser. En 1727, comme l'année précédente, les trésoriers sont invités avant les consuls. Ceux-ci, sans daigner répondre aux députés du Chapitre, se retirent immédiatement à l'Hôtel de Ville pour retourner plus tard à Saint-Sauveur, au moment de la procession générale.

Ici commence la série des hostilités; les parties préparent leurs armes et font appel aux lumières des jurisconsultes, MM. Simon, Audibert et Baculard, qui rédigent des mémoires où ils citent des arrêts et des autorités. Les consuls jurent de ne plus paraître au repas tant que la question ne sera pas souverainement vidée. Hélas ! elle ne

devait pas l'être de longtemps, et on peut dire qu'elle ne
le fut jamais, du moins au gré des parties. Chaque année
amenait de nouvelles protestations.

Dans l'intérêt des consuls, on disait : La communauté
de cette ville est intéressée à conserver les droits honorifi-
ques qui lui sont attribués en la personne de ses consuls
contre qui que ce soit qui prétende les y troubler, et principalement dans ceux dont elle a le privilége de jouir dans
l'église métropolitaine. Elle ne saurait souffrir sans se
plaindre que messieurs du Chapitre aient entrepris de leur
refuser la préséance qui leur a toujours été donnée dans le
chœur de cette église par leurs titres et leur possession sur
les sieurs trésoriers de France. Tandis que les consuls ont
leur place au chœur d'une manière très-distinguée, conjoin-
tement avec les sieurs juge royal et viguier, les trésoriers
généraux n'y seraient pas admis même à la suite d'un
autre corps. Telle est la règle consacrée par divers arrêts
du Conseil, notamment en 1644 et 1650. Les consuls
doivent donc se pourvoir devant le lieutenant général
contre messieurs du Chapitre qui, par leur fait, les
troublent dans les honneurs qui leur sont dus, avec défense
d'innover à l'avenir au sujet de leur droit de préséance.

Les trésoriers répondaient : Placés hors du chœur et dans
la chapelle de Saint-Mitre, nous ne pouvons voir si nous
sommes invités avant ou après les consuls. S'il y a trouble,
est-ce juste de nous en attribuer la cause et pouvons-nous
refuser l'honneur qui nous est fait? Voudrait-on nous obli-
ger de dire à l'administrateur du Chapitre d'aller vers les
consuls avant de s'adresser à nous, et n'est-ce pas à lui de
savoir quels sont les droits des parties?

Ainsi ces officiers oubliaient ou feignaient d'oublier
qu'ils avaient eux-mêmes prié le Chapitre d'interver-
tir l'ordre de convocation.

Quoiqu'il en soit, la solution de l'affaire resta suspendue
pendant plusieurs années, sans que les parties pussent
parvenir à s'entendre.

En 1744, M. Canceris, avocat et ancien assesseur,
homme tout dévoué au pays et d'un esprit pacifique, vou-
lut essayer une conciliation. Il convoqua chez lui les trésoriers et les consuls, leur proposa d'être l'arbitre de leurs
différends, quand il aurait entendu leurs moyens respec-
tifs. Ce qui fut accepté de part et d'autre.

M. Dubreuil, assesseur, au nom de ses collègues, rappela
les principaux motifs dont les consuls s'étaient déjà préva-

lus dans leurs mémoires : Nous ne voulons pas autre chose, disait-il , que nous conformer aux arrêts rendus en notre faveur et à la transaction de 1658. Nous sommes placés, le jour de la Fête-Dieu, dans le chœur, du côté gauche , vis à vis du Parlement, en vertu de nos titres et possession; l'invitation nous est due, en conséquence, à la place que nous occupons et avant les trésoriers qui siégent dans une chapelle derrière l'autel et hors du chœur.

MM. Ganteaume, Deguisier, Brignol et Grandin, trésoriers généraux, insistaient sur cette circonstance que la transaction de 1658 était muette sur l'objet du litige, mais que leur droit de préséance résultait de la clause portant : Qu'en tous autres actes où les trésoriers seront revêtus de leurs robes, ils précéderont les consuls lorsqu'ils se trouveront avec eux. Ils ajoutaient qu'il y avait lieu de distinguer la place de l'invitation et que celle-ci devait être réglée suivant les qualités des parties. D'ailleurs, disaient-ils encore, messieurs les consuls d'Aix sont nos justiciables et ils n'ont pas le droit de nous précéder en vertu de prétendus titres qui n'ont rien de précis.

M. Canceris, d'abord un peu embarrassé, *tantæ molis erat...*, crut trancher la difficulté par un terme moyen qui lui parut propre à concilier toutes choses. Après mûre réflexion, il décida dans sa sagesse que l'invitation au repas serait faite à messieurs les consuls aux places qu'ils occupent dans le chœur immédiatement après messieurs du Parlement et avant messieurs les trésoriers généraux de France, et que lorsque les uns et les autres se rendraient audit repas, les consuls venant à rencontrer les trésoriers, ils seraient obligés de les laisser passer et placer, les arrêts du Conseil et la transaction de 1658 concernant la préséance des trésoriers généraux devant, au surplus, être exécutés selon leur forme et teneur.

La convention fut donc rédigée, le 19 juin 1744, conformément à l'avis de M. Canceris. Les consuls étaient assistés de MM. Leblanc et de Champorcin, anciens assesseurs (1).

C'était là, on le voit, une demi-mesure et les demi-mesures ne satisfont point ordinairement les parties. Aussi, en donnant leur adhésion par pure déférence pour M. Canceris, les consuls et les trésoriers se promettaient bien de

______

(1) Un extrait collationné de cette transaction est aux archives d'Aix, armoire des documents, section 2, carton 12, liasse C.

ne point observer ces accords. Aurait-il pu en être autre-
ment quand leur contenu renfermait le germe de nouveaux
débats ; quand la préséance allait être en quelque sorte le
prix de la course, comme la suite ne le prouva que trop ?

Par cette transaction, l'objet principal de la préséance
se trouvait modifié ; l'invitation était assurée aux consuls
en première ligne et plus de doute désormais à cet égard.
Toute la question consistait sur l'entrée dans la salle du
banquet. Les trésoriers avaient alors le pas sur les consuls,
seulement en cas de rencontre ; sinon, la préséance semblait réservée à ces derniers. Mais qu'importait au surplus?... La rencontre était peu dans l'ordre des choses,
alors que les consuls sortaient du milieu du chœur et les
trésoriers du fond de la chapelle de Saint-Mitre, à moins
qu'il n'y eût une précipitation et une course affectée dégé-
nérant en scandale. En admettant la possibilité de cette
rencontre, elle était indifférente, puisque, en principe, les
divers corps devaient aller au repas en *tourbe*, sans distinc-
tion de compagnie et dans une marche ni attributive ni
exclusive d'aucuns droits. Il eût été, en outre, bien difficile
de conserver les rangs à table ; il aurait fallu pour cela au-
tant de tables que de compagnies, et bien certainement le
Chapitre ne se serait pas soumis à une pareille servitude.

Ainsi des dispositions dictées uniquement dans l'intérêt
de la paix et de la concorde allaient avoir un résultat tout
différent.

Cependant les passions sommeillèrent pendant de nombreuses années. L'usage du banquet fut-il interrompu ; les
consuls, les trésoriers ou les deux corps en même temps,
crurent-ils devoir s'abstenir d'y prendre part? C'est ce
que nous ignorons, vu l'absence de tous documents. Mais
en 1770, les animosités se reproduisirent avec plus de vio-
lence que par le passé, et le temps, remède souverain à
tant de maux, semblait avoir perdu ici toute son influence.

Alors se passèrent des actes vraiment extraordinaires
dont la cause remontait à la transaction Canceris. Tel
était l'aveuglement des esprits que chacune des parties
interprétait le fait au gré de ses prétentions.

On lit ce qui suit dans un procès-verbal dressé par les
consuls peu de jours après la solennité de la Fête-Dieu :

« Le Parlement étant sorti par la grande porte du chœur,
« traversant une partie de la grande nef et la petite du
« côté de la chapelle *Corpus Domini* pour se rendre à la
« salle du repas, nous l'avons suivi, et comme nous étions

« dans la petite nef, les trésoriers généraux qui étaient
« sortis par la petite porte du chœur ont doublé le pas
« avec nombre d'huissiers à leur tête qui se sont jetés sur
« nous indécemment et avec effort pour nous couper dans
« notre marche; à quoi ayant résisté de notre mieux pour
« conserver nos places, nous sommes montés avant eux
« dans ladite salle. »

M. le marquis de Vento des Pennes, premier consul,
écrivant, le 24 juillet, à un de ses anciens collègues alors
à Paris, pour lui rappeler quelques affaires d'administra-
tion, s'exprimait en ces termes au sujet du même incident :
« On a vu les trésoriers partir avant le Parlement, cou-
« rir à toutes jambes pour se mettre à portée de nous
« couper. D'ailleurs, la forme dont ils se sont servis est
« impertinente et répréhensible. Est-ce au milieu d'une
« métropole, en face de toute une capitale qu'ils doivent
« faire pousser par leurs huissiers les officiers municipaux
« se trouvant à la place qu'ils doivent occuper à la sortie
« de la grande porte du chœur? »

Les trésoriers généraux s'assemblaient le 15 juin 1770
et un des membres de la compagnie, M. Silvy, exposait ce
qui suit :
« Dans la marche pour se rendre au sortir du chœur à la
« salle du repas, nous avons rencontré, dans la petite nef
« de l'église, les sieurs consuls de cette ville, qui s'em-
« pressaient de marcher à la suite du Parlement; il leur
« aurait été représenté que, conformément à la transac-
« tion du 30 avril 1658 et notamment au concordat du
« 19 juin 1744, ils devoient laisser passer et placer les
« officiers de la Compagnie avant eux, et ne pas les sépa-
« rer d'avec le Parlement; mais nonobstant des raisons
« aussi justes que convaincantes, lesdits sieurs consuls ne
« laissèrent pas que de continuer avec encore plus d'affec-
« tation, à se serrer contre messieurs les gens du roy au
« Parlement, en répondant au sieur Silvy qu'ils ne vou-
« loient pas lui céder le pas, et que cette contestation se
« décideroit en tems et lieu; à quoy ledit sieur Silvy re-
« pliqua que le droit de la Compagnie étoit tout décidé
« depuis longtems par les titres cy-dessus; malgré la so-
« lidité de ces raisons, lesdits sieurs consuls continuèrent
« leur marche avec la plus grande rapidité jusques à la
« salle, et empêchèrent indécemment par cette voie de fait

« irrégulière, la Compagnie de prendre la place qui lui est
« dévolue et si bien reconnue de leur part (1). »

Il fut délibéré unanimement que ce procédé serait déféré
à Sa Majesté pour en obtenir la répression. Ce qui fut exé-
cuté séance tenante. Le ministre auquel on s'adressa était
prié par les trésoriers de leur faire accorder par le roi un
ordre ou toute autre décision authentique qui les mît désormais à l'abri de pareille entreprise de la part des
consuls.

M. le duc de la Vrillière répondit ainsi aux trésoriers, le
23 mars 1771 :

« J'ay rendu compte au roy, messieurs, de la contesta-
« tion qui s'est élevée entre vous et les consuls d'Aix au
« sujet de la place que chacun des deux corps doit occuper
« en allant, le jour de la Fête-Dieu, de l'église métropo-
« litaine à la salle du repas que le Chapitre de cette église
« est dans l'usage de donner ce même jour. Sa Majesté, à
« qui j'ay mis en même temps sous les yeux la transac-
« tion du 30 avril 1658 et le concordat du 19 juin 1744,
« a jugé qu'il ne pouvoit y avoir aucun doute sur la pre-
« seance qui vous est assurée par ces deux actes. Elle a
« decidé, en consequence, que lorsque les consuls d'Aix se
« trouveroient en concours avec vous pour se rendre à la
« salle du repas dont il s'agit, ils doivent vous céder le
« pas et vous laisser passer immédiatement à la suite du
« Parlement. Je les instruis de même que vous de cette
« décision de Sa Majesté.

« Je suis véritablement, messieurs, etc. »

Après une décision aussi expresse que solennelle, tout
semblait devoir être terminé... Il n'en fut rien cependant ;
nous trouvons encore parmi les pièces, une lettre adressée,
le 30 mai 1777, par les officiers du bureau des finances de
Provence à M. Amelot, ministre de la maison du roi ;
d'après les trésoriers, les consuls, au mépris de la décision
rendue par Sa Majesté en 1771, se seraient portés jusqu'au
point de prendre de force le pas sur eux immédiatement
après le Parlement. « Quand nous leur avons représenté,
ajoutaient ces officiers, l'irrégularité de leur conduite et
la force des titres qui condamnent une prétention aussi
déplacée, ils nous ont répondu simplement qu'ils n'en

(1) Extrait collationné du registre des délibérations du bureau des
finances de la Généralité de ce païs de Provence.

connaissaient aucun... Nous prenons la liberté de vous supplier de vouloir bien notifier de nouveaux ordres de Sa Majesté dans les termes les plus forts et dans la forme qu'elle jugera la plus convenable à messieurs les consuls, qui, d'ailleurs, tentent tous les jours d'usurper sur nos droits, afin qu'ils ne commettent plus à l'avenir de pareilles indécences dans le temple même du Seigneur, et qu'ils n'empiètent plus sur le droit de préséance que nous avons sur eux dans toutes les occasions. »

M. Amelot écrivait en réponse, le 5 octobre 1777, à M. de la Tour, premier président et intendant de Provence:

« Je vous envoye, monsieur, une lettre et quelques piè-
« ces qui m'ont eté adressées par les officiers du bureau
« des finances d'Aix pour se plaindre d'une entreprise
« faite contr'eux par les consuls de la même ville à l'oc-
« casion de la procession de la Fête-Dieu. Il me paroit que
« cette difficulté est précisément la même que celle que les
« consuls avoient déjà élevée en 1770 et sur laquelle le roi
« décida en faveur des trésoriers de France, décision qui
« fut annoncée à toutes les parties par une lettre de feu
« M. le duc de la Vrillière, le 23 mars 1771. Je vous prie
« de faire vérifier si les consuls ont eu quelques motifs lé-
« gitimes pour s'écarter de cette décision, et de joindre
« votre avis aux éclaircissements que vous voudrez bien
« me donner à ce sujet.
« J'ai l'honneur d'être, etc. »

Par sa lettre, datée de Saint-Aubin, le 4 novembre 1777, M. de la Tour priait messieurs les procureurs du pays de vouloir bien le mettre en état de répondre au ministre.

Ici s'arrêtent nos documents. A défaut de notions ulté-rieures, il est permis de supposer que le Chapitre, mieux avisé, se détermina enfin à supprimer une fête qu'il avait maintenue, au milieu de tous ces orages, uniquement par égard pour une longue tradition et qui, sans doute, n'of-frait plus un tableau touchant des sentiments d'union et de cordialité qui auraient dû animer les convives.

L'époque d'ailleurs n'était pas éloignée où devaient surgir d'autres et bien plus graves préoccupations. Déjà se manifestaient à l'horizon les premiers symptômes de cette Révolution qui, renversant nos anciens usages, subs-titua un ordre de choses nouveau à celui que les siècles avaient fondé. Encore quelques années, et les trésoriers généraux, les consuls et le Parlement seront emportés par

la tourmente politique et avec eux jusqu'aux derniers ves-
tiges du repas du Chapitre le jour de la Fête-Dieu.

J'ai raconté dans toute sa simplicité cet épisode de notre
histoire locale. Loin de moi la pensée d'avoir voulu par ce
récit suggérer des idées qui ne seraient point en harmonie
avec la considération si justement acquise à deux compagnies illustres dont nos annales conservent de glorieux
souvenirs. Excusons ce que de pareils faits offrent de re-
grettable, en nous rappelant le zèle de nos pères pour le
maintien de leurs droits et priviléges, leurs soins assidus
pour en prévenir l'oubli ou la violation... Et d'ailleurs,
combien de graves et sérieux personnages ont apprécié
eux-mêmes tout l'intérêt se rattachant à des questions
futiles en apparence, et signalé ce que leur négligence
pourrait avoir de fâcheux. « Observez avec le plus grand
soin, disait le chancelier d'Aguesseau, quant aux préro-
gatives, ce qui regarde les cérémonies par rapport au
rang et aux questions de préséance. » Ajoutons que
l'homme, profondément imbu de ces maximes, luttera de
toute son énergie pour les maintenir dans toute leur inté-
grité. Ce qui blesse le corps auquel il appartient le blessera
lui-même et les choses d'ordre public deviendront sa propre
cause. Ainsi un double ressort mettait en mouvement la
fibre sensible de nos aïeux. De tels sentiments, si louables
par eux-mêmes et indépendamment de la forme sous
laquelle ils se manifestent, ont animé et animeront toujours
nos cœurs provençaux.